LEXIQUE
DES CONCEPTS ET TECHNIQUES
DE L'INDICAMÉTRIE

Sous la direction de

ANY Désiré

LEXIQUE DES CONCEPTS ET TECHNIQUES DE L'INDICAMÉTRIE

Préface de Ramsès L. BOA-THIÉMÉLÉ

Postface d'Assouman BAMBA

L'Harmattan
Côte d'Ivoire

5-7, rue de l'École-Polytechnique ; 75005 Paris

www.editions-harmattan.fr

ISBN : 978-2-336-46606-4
EAN : 9782336466064

Sous la direction de

ANY Désiré, Professeur Titulaire, Directeur de l'Institut Multipolaire d'Étude de Recherche et de Formation en Indicamétrie (IMERFI)

Contributeurs

- KOUAKOU Simplice, Maître de conférences, Université Alassane Ouattara

- KANON Gbomené Hilaire, Maître de conférences, Université Alassane Ouattara

- KOFFI Anderson, Assistant, Université Alassane Ouattara

- KAMAGATE Abdoulaye, Inspecteur d'éducation, Université Alassane Ouattara

- ETOUYI Badjo Lucie, Technicienne en Indicamétrie, Université Alassane Ouattara

SOMMAIRE

Abréviations

(Adj.) =Adjectif

(Néo.) = Néologisme

(Nf) = Nom féminin

(Nm) = Nom masculin

(SCPII) = Sens connu proche ou ayant inspiré l'Indicamétrie

(SI) = Sens en Indicamétrie

(Sigl) = Sigle

(Sub) = Substantif

(V) = Verbe

REMERCIEMENTS

Je tiens à exprimer mes sincères remerciements au Professeur BOA Thiémélé Ramsès qui a accepté de préfacer ce lexique. Il a toujours démontré un soutien inconditionnel à l'IMERFI par sa participation à ses activités, ses conseils avisés

Je témoigne ma sincère reconnaissance au Professeur Assouman BAMBA dont les critiques honnêtes et pertinentes constituent une source de motivation pour notre équipe de recherche. Je garde de lui un précieux souvenir pour son engagement pour la création de la cellule de la réflexion « Action pour la Promotion de l'Indicamétrie ».

Je ne pourrai trouver des mots qui conviennent pour exprimer toute ma reconnaissance au Professeur Ouattara Vincent de l'Université Norbert Zongo Koudougou-(Burkina Faso). Je lui suis infiniment reconnaissant pour son humilité, son esprit critique et sa rigueur intellectuelle.

Honneur et gloire au Professeur Moustapha Diabaté, inventeur de l'Indicamétrie

Infinie reconnaissance au Professeur Kouakou Koffi, Président de l'Université Alassane Ouattara qui abrite l'Indicamétrie

Préface

L'Indicamétrie dérive de deux mots : indica- métrie. *Indica* est l'abréviatif du mot indicateur qui renvoie à un signe conventionnel élaboré à partir d'éléments mesurables d'évaluation processuelle. Métrie est la mesure quantifiable des performances d'une organisation ou d'un système donné. En somme, l'Indicamétrie se définit comme une discipline qui mesure les indicateurs quantitatifs et qualitatifs de développement.

Elle critique les théories économicistes qui ne mesurent le développement qu'à partir des indicateurs quantitatifs, en l'occurrence, le Produit Intérieur Brut et le Produit National Brut. Ces indicateurs ne donnent pas d'informations sur la qualité de la vie. Ils font presque fi des inégalités sociales, du bien-être individuel et collectif. En fait, définie comme une théorie du développement, l'Indicamétrie propose le développement capacitaire comme un nouveau paradigme de développement adapté au contexte des pays sous-développés. Il supplée à la faiblesse théorique des indicateurs quantitatifs de la croissance économique par des indicateurs qualitatifs fondés sur la qualité de vie ou le bien-être des populations dans leur diversité.

L'Indicamétrie part du postulat que tout être dispose de capacités fonctionnelles pour assurer son bien-être. Le développement capacitaire prend en compte le bien-être de l'homme dans sa globalité matérielle, religieuse et spirituelle à travers les sept (7) couvertures du corps et de l'esprit : se loger, se nourrir, se vêtir, se déplacer, se soigner, s'éduquer, se spiritualiser.

L'Indicamétrie qui ne s'est pas entièrement moulée dans le sens commun et le vocabulaire usuel des sciences subit des critiques qui sont parfois infondées. Comment surmonter ce qui pourrait apparaître à la longue comme un obstacle à la compréhension de la finalité de cette nouvelle science ? Il était plus qu'urgent de mettre à la disposition du public une œuvre explicative des notions et concepts qui paraissaient déplaisants. Le lexique vient ainsi à point nommé pour présenter sa nouveauté terminologique, clarifier ses concepts et ses instruments afin d'entrer plus aisément en dialogue scientifique. Comme toute science naissante a ses instruments, ses concepts, sa méthode en vue d'atteindre les résultats visés.

L'Indicamétrie, inclut dans son corpus des concepts issus de la culture Bambara- Malinké. Elle fonctionne comme les sciences humaines ou sociales par l'entretien de relations dialogiques complexes entre les individus et leur environnement matériel, immatériel, et culturel. Un lexique indicamétrique s'imposait pour les décrypter afin d'en faciliter la compréhension.

Sans remettre en cause l'importance des langues étrangères, Moustapha Diabaté, inventeur de cette théorie du développement déplore que les sciences nées ailleurs pour des raisons multiples imposent aux Africains des références importées nuisibles aux partages des savoirs. Ce qui pourrait s'apparenter à un

« Embargo linguistique » entraîne un blocage dans la saisie des concepts et notions. Aussi engage- t-il une révolution linguistique de désaliénation des savoirs et des langues non occidentales. On peut considérer l'Indicamétrie, sous cet angle, comme une réponse postcoloniale de valorisation des cultures endogènes et de questionnement de l'hégémonie européenne dans la production des savoirs.

M. Diabaté, fait appel à la diversité enrichissante des langues. Ce souci de l'enrichissement l'amène à forger de nouveaux mots lorsque la langue commune ne réussit pas à cerner l'idée et la réalité scientifiques. En somme, traduire les concepts indicamétriques, en raison de la complexité et de la technicité de cette discipline, exige que l'esprit humain se dispose à l'herméneutique générale. Le « Bera Kounou Massa, le sébéha dji », ces concepts Bambara-Malinké non-adaptés au contexte linguistique occidental nous font habiter un monde immatériel postulé par les cultures africaines habituées au dialogue des univers visibles et invisibles.

L'Indicamétrie, faut-il le rappeler, n'est pas une science née ex-nihilo, malgré son désir de trouver un ancrage socioculturel. Comme toute science qui évolue par emprunts, par rupture, elle emprunte à la langue française, à langue anglaise, à la philosophie et à toutes les autres sciences connues et reconnues, des concepts et notions, avant de proposer son vocabulaire, sa propre terminologie.

Le présent lexique ne se limite pas à des définitions simples, mais il procède par une didactique d'explication des définitions par des commentaires ou des citations. Il devient un lexique technique, critique et commenté. Chaque concept est l'objet d'une définition et d'un bref commentaire. La définition part de l'origine du mot, son sens usuel, avant de parvenir à l'interprétation indicamétrique, le commentaire représentant la partie explicative et critique.

Vous tenez entre les mains, ce lexique au titre programmatique : **Lexique des concepts et techniques de l'Indicamétrie.** Il est publié par le Laboratoire d'Étude Transdisciplinaire et de Recherche en Indicamétrie, sous la direction de Prof ANY Désiré.

Je souhaite vivement que ce lexique de vulgarisation soit un instrument opérationnel pour les chercheurs, les étudiants et tous ceux qui s'intéressent à l'Indicamétrie. On peut y découvrir sans doute des lacunes mais le comité de rédaction n'a pas eu pour ambition de produire une œuvre qui viserait la perfection divine, toute chose contraire du reste à l'esprit scientifique. Parce que l'édifice scientifique atteint son achèvement après plusieurs modifications ou remaniements, ce lexique attend vos critiques.

Abidjan, 2 octobre 2023

Ramsès L. BOA-THIÉMÉLÉ

Professeur Titulaire de Philosophie, Université Félix-Houphouët-Boigny Abidjan Cocody

Avant-Propos

La science est considérée comme le propre de l'Occident, c'est-à-dire, une spécificité ou une qualité particulière qui le distingue des autres. Fort heureusement, des études décoloniales dénoncent cette géopolitique de la science et prônent une justice épistémique. Celle-ci consiste à prendre en compte la diversité des savoir et savoir-faire ou des sciences issues de divers horizons géographiques. Ainsi, les savoirs locaux, savoirs traditionnels ou savoirs endogènes marginalisés par l'Occident ont droit de cité. L'Indicamétrie s'inscrit dans cette logique des études postcoloniales ; elle prône un recours aux sources pour y puiser des valeurs fécondantes qui peuvent servir de paradigme de recherche pour un développement adapté au contexte local des États ou des populations.

Inventée par Moustapha Diabaté après un constat de l'échec des modèles de développement occidental imposé à l'Afrique, l'Indicamétrie se positionne alors comme un nouveau paradigme de développement qui intègre dans la modélisation les êtres humains ou non-humains dans leurs différentes composantes : matérielle ou immatérielle, physique ou spirituelle. Elle rationalise, dialectise et enrichit les savoirs et les savoir-faire et les croyances issues de l'Afrique Magico-Religieuse pour contribuer à une modernité africaine. Pour M. Diabaté, l'Africain ne doit pas se délecter de savoirs archaïques mais il doit transformer « l'archaïsme inopérant au moderne et du moderne à l'excellence ». En effet, contrairement à la modernité occidentale fondée sur la raison instrumentale, la modernité africaine se définit comme un processus endogène marqué par une rupture épistémologique décoloniale.

La modernité africaine ne consiste pas à s'enfermer radicalement dans un refus passionnel de l'Occident, mais elle rénove la culture africaine en combattant les racistes qui mettent l'Africain à la lisière de l'humanité. Mieux, elle invite à rompre avec le rationalisme occidental qui dénie aux autres cultures le droit d'exister. Autant dire que les peuples opprimés doivent sortir du nihilisme pathologique pour participer à la construction de la science pluriverselle. Moustapha Diabaté a eu le mérite d'inventer l'Indicamétrie cette discipline novatrice qui étudie les êtres humains et non humains dans leur complexité. Nous sommes à l'ère des incertitudes de l'indéterminisme absolus. En somme, c'est l'ère de la « polycrise ». La raison humaine est presque impuissante à saisir la réalité dans sa complexité. À ce sujet, Edgard Morin propose l'épistémologie de la complexité comme une alternative pour suppléer aux insuffisances de l'épistémologie classique. En vérité, l'épistémologie classique est confrontée à des incertitudes dans l'étude de la réalité. Pour Morin (2001 :178) : « Nous voilà devant le paradoxe inouï où le réalisme devient utopique, et où le possible est impossible. » La réalité comporte des incertitudes et elle est insaisissable. Tout est probable. Les sciences classiques sont conviées à élargir leurs champs de connaissances, car toute réalité est complexe. L'Indicamétrie est sur la voie tracée par Edgar Morin ;

mieux elle a pris une longueur sur les sciences économiques classiques en intégrant dans la modélisation la trilogie opératoire science – religion - spiritualité. En faisant fi de la religion et la spiritualité, la science occidentale sombre dans une cécité intellectuelle qui induit les polycrises sociétales que nous traversons. C'est à juste titre que l'idée d'une décolonisation épistémique est au cœur de l'Indicamétrie.

L'objectif final des recherches en Indicamétrie est de légitimer des épistémologies alternatives qui valorisent les savoirs discrédités par le rationalisme occidental. Ainsi, en prenant en compte la science, la religion et la spiritualité dans la modélisation, l'Indicamétrie se démarque des prescriptions réductionnistes des sciences classiques, pour se définir comme une science indicative, de la globalité universelle ou de la modélisation globale du développement. À ce titre, elle étudie à la fois les indicateurs objectifs et les indicateurs subjectifs et mesure leurs effets sur l'homme, sa communauté et son environnement grâce à des instruments inédits. En effet, l'Échelle des 15 profils (l'E15P) est un instrument de saisie globale de la réalité visible et invisible, le Générateur Primordial Indicamétrique (GPI) étudie la dynamique des systèmes capacitaires humains et non humains à travers les sept (7) capacités connectées aux huit (8) espaces indicamétrés., le BKM 07 IBEC (Imprimante bioénergétique capacitaire) permet de calculer et mesurer le flux énergétique contenu dans tout être.

Pour conclure cet avant-propos, disons que le présent lexique traduit le souci constant des chercheurs en Indicamétrie de vulgariser les nouveaux concepts et de nouveaux savoirs et savoir-faire produits par de nouvelles intelligibilités sur le contexte africain. Sous l'éclairage de Moustapha Diabaté, les chercheurs ont croisé leur regard pour analyser les concepts afin de les rendre plus audibles et plus opératoires.

Je souhaite vivement que ce lexique soit un instrument opérationnel pour les chercheurs, les étudiants et tous ceux qui s'intéressent à l'Indicamétrie. On peut y découvrir sans doute des lacunes, des insuffisances, le comité de rédaction attend votre contribution pour la seconde édition. La science est un édifice qui se construit par plusieurs architectes, plusieurs ouvriers, tout édifice se remanie selon les besoins de la cause, les ambitions et les aspirations.

ANY Désiré

Professeur titulaire de Philosophie à Université Alassane Ouattara (Bouaké-Côte d'Ivoire)
Directeur de l'Institut Multipolaire d'Etudes, de Recherche et de Formation en Indicamétrie (IMERFI)

CONCEPTS ET TECHNIQUES

001. **ABECIN** (SIG)

Acronyme signifiant Agrégat Baptismal d'Énergie Capacitaire Intrinsèque Nominal.

Cet agrégat est constitué d'êtres indicamétriques (à l'instar des particules d'énergie en physique quantique) qui véhiculent l'énergie capacitaire intrinsèque à partir des données nominales, en particulier le nom.

Exemple : pour KAMAGATÉ Abdoulaye, ABECIN (KAMAGATÉ) = KAMAGATÉ

Chaque élément de l'ABECIN (KAMAGATÉ) constitue un être indicamétrique.

002. **ABECIP** (SIGL)

Acronyme signifiant Agrégat Baptismal d'Énergie Capacitaire Intrinsèque Prénominal

Cet agrégat est constitué d'êtres indicamétriques qui véhiculent l'énergie capacitaire intrinsèque à partir des données nominales, en particulier le prénom.

Exemple : pour KAMAGATÉ Abdoulaye,

ABECIP(Abdoulaye)= ABDOULAYE

003. Abréviatif

003.1- SCPII

Procédé expressif qui consiste à abréger un mot ou les mots clés d'une phrase.

003.2- SI

(Sub)

C'est un procédé de notation en Indicamétrie qui recourt à l'abréviation. C'est le résultat de l'action d'abréger. L'abréviatif est obtenu par utilisation de la première lettre de certains mots d'une phrase. Il est utilisé pour économiser de l'espace et du temps. Il renvoie à la première étape de l'indicatisation[1].

Exemple : Je vais au marché = JVM

↓ Phrase ↓ Abréviatif

[1] Cf. Indicatisation, p. 43

004. Afrique de l'État de Droit et des Institutions Républicaines (AEDIR)

Conception qui regroupe les acteurs sociaux qui ont une propension au respect des règles de gouvernance de l'État moderne.

005. Afrique des Religions à Livres (ARL)

Conception qui regroupe les acteurs sociaux qui ont adopté les religions monothéistes : Islam, Christianisme.

006. Afrique Magico Religieuse (AMR)

Cette conception regroupe les acteurs sociaux qui ont propension aux pratiques traditionnelles africaines telles que les rites initiatiques, sacrificiels, les totems etc.

007. Alphabet indicamétrique

L'alphabet indicamétrique comprend six chiffres (1, 2, 3, 4, 5, 6) et cinq accents graphiques (•/ ¨ / ' / ` / ^). Par- delà son rôle classique qui consiste à écrire et à lire des textes, l'alphabet indicamétrique permet d'obtenir les premières données (les nucléaires) pour le calcul de la quantité d'énergie capacitaire contenu dans le mot. L'alphabet permet en ce sens de capter l'énergie contenue dans le mot.

Alphabet indicamétrique

	•	¨	'	`	^
1	A = A	B = B	C = C	D = D	E = E
2	F = F	G = G	H = H	I = I	J = J
3	K = K	L = L	M = M	N = N	O = O
4	P = P	Q = Q	R = R	S = S	T = T
5	U = U	V = V	W = W	X = X	Y = Y
6	Z = Z				

008. AME (Sigl)

Acronyme signifiant Âge de la Maturité Énergétique

Indicateur de l'espérance de vie énergétique capacitaire calculé à partir de l'énergie capacitaire intrinsèque (ECI).

009. Analyse décisionnelle :

L'Analyse décisionnelle (AD) est la deuxième étape de l'AOD. Elle consiste à classer les Messagers leaders et messagers satellites obtenus à l'étape de l'AO par ordre d'importance et par ordre de priorité. L'AD permet ainsi de mobiliser les messagers leaders pour réaliser ou construire des modèles de développement.

010. Analytique

010.1 –SCPII (Adj)

Qui procède par analyse ou qui a trait à l'analyse de quelque chose.

010.2 – SI (Nf) (Néo)

Approche analytique est une méthode qui consiste à décomposer un sujet en ses éléments constitutifs pour mieux le comprendre.

L'analytique peut être utilisée pour analyser des données structurées, comme celles qui sont stockées dans des bases de données, ou des données non structurées, comme celles qui se trouvent dans des documents texte.

Processus d'analyse permettant d'opérer un choix. Il part d'une analytique opératoire pour aboutir à une analytique décisionnelle.

011. Analytique décisionnelle (AD)

Effectuée à la suite de l'analytique opératoire, l'analytique décisionnelle permet d'opérer des choix pertinents parmi les messagers en fonction des objectifs visés

012. Analytique opératoire (AO)

Permet de faire l'inventaire des messagers en vue d'identifier les leaders et les satellites.

013. Ancestrocide (Nm) (Néo)

Agent de destruction des valeurs endogènes et /ou ancestrales au profit de valeurs exogènes.

014. Ancestrologie Néo

014.1- SCPII

Ancêtre Du lat. *antecĕssŏr :* celui qui a précédé, qui est venu avant. Aïeul, celui de qui on descend par le sang et qui est plus éloigné que le grand-père (généralement avec une nuance de respect et de vénération) (CNRTL) et logos du grec. : Discours

Discours cohérent relatif aux pratiques ancestrales.

014.2- SI

Actualisation et l'opérationnalisation des pratiques ancestrales exemplaires d'un monde meilleur.

L'ancestrologie est l'étude des valeurs et connaissances des ancêtres, de leur mode de vie et de pensée ; de leur apport à la formation des sociétés et à la résolution des problèmes des générations.

L'ancestrologie se positionne comme un *Benchmarking* généralisé, universel et multidimensionnel « qui souhaite que la vie exemplaire menée par les responsables ancestraux, les valeureux Empereurs, Rois, Chefs Démocrates et Républicains, Prophètes et Savants inspirent les générations présentes et futures ». (Blégui B. 2021, p. 16)

L'ancestrologie permet de « tirer partie des faits et méfaits des anciens tout en bénéficiant des énergies capacitaires des nombreux ancêtres vaillants d'ici et d'ailleurs dans tous les domaines d'activités ». (Diabaté M. in Blégui B. 2021, p. 11).

015. Ancestrométrie (Nf) (Néo)

Mesure et évaluation des performances multi-capacitaires des ancêtres à partir du BKM[2].

016. AOD (SIGL)

L'Analyse Opératoire Décisionnelle (AOD) est une démarche stratégique comportant plusieurs étapes. Elle peut être utilisée pour l'analyse des problèmes et enjeux de la société, notamment le développement capacitaire. Son intérêt est le gain de temps et la réduction des risques d'omission d'informations nécessaires à la prise de décisions.

---

[2] Cf. BKM p 24

L'AOD comporte deux analyses distinctes, à savoir l'Analyse Opératoire (AO) et l'Analyse Décisionnelle (AD).

L'Analyse Opératoire (AO) constitue le point départ de l'Analyse Opératoire Décisionnelle (AOD). Elle permet d'identifier toutes les informations de l'objet d'étude. L'ensemble des informations recueillies constitue la Signalétique de l'objet étudié. Elle est la réponse *n1* (Nombre total des messagers) à la question *combien* (C1) de la formule fondamentale.

-Faire l'inventaire des informations relatives à l'objet étudié - Identifier les informations majeures appelées *Messagers Leaders* et les informations secondaires appelées *Messagers satellites*

017. APME (Sigl)

Acronyme signifiant Arrêt Provisoire de la Mission d'Évaluation.

Dans le cadre d'une mission d'évaluation, l'APME désigne un arrêt provisoire. C'est une pause nécessaire pour effectuer une synthèse de l'analyse indicamétrique.

018. AVITOX (Sigl)

018.1 - SCPII

Liquide chimique utilisée dans les fermes pour améliorer le développement des animaux assurer leur bien-être et assurer leur santé reproductive. Avitox a un principe actif immuno-stimulateur.

018.2- SI

En Indicamétrie, l'Avitox est la dose d'énergie capacitaire intrinsèque susceptible de provoquer des distorsions énergétiques au sein du système capacitaire.

019. BIC (Sigl)

Acronyme signifiant Besoin d'Informations Complémentaires.

Il s'agit de faire des recherches complémentaires en vue d'étoffer les informations dans le cadre d'une étude.

020. BICH (Sigl)

Acronyme signifiant Batterie des Indicateurs des Capacités Humaines

C'est la liste des indicateurs de capacités humaines.

Exemples : Capacité d'Analyse Prudentielle, Taux d'Endurance (TE), Taux d'honnêteté (TH).

021. BKM (Sigl)

Acronyme signifiant Béra Kounou Massa. C'est un concept fondamental en Indicamétrie tiré de l'expression Malinké-Bambara (Une langue de l'Afrique de l'ouest).

Béra signifie Tout. *Kounou* veut dire Éveil ou Éveilleur du monde ou des consciences. *Massa* signifie le Maître suprême.

Littéralement le BKM signifie Maître suprême qui est à l'origine de toute vie ou toute existence. C'est le Maître Éveilleur de Consciences.

C'est un instrument de communication inter-mondes (visible et invisible).

Sur le plan technique, le BKM est l'équation fondamentale de l'Indicamétrie dont la résolution permet de déterminer les nucléaires indicamétriques.

En tant qu'instrument, le BKM permet de calculer et mesurer le flux énergétique contenu dans tout être.

La formule fondamentale du BKM :

$BKM(n) = 3Y7.Y_n$

n = nombre entier naturel

3Y7 = signe de notation conventionnelle : (3) le minimum de temps opératoire ou mito, (7) le maximum de temps opératoire ou mato et Y_n (n) est l'inconnue de l'équation ou la variable.

022. BNC (Sigl)

Acronyme signifiant Balance Nucléaires Capacitaires

La Balance Nucléaire Capacitaire est la différence entre la Puissance des Créatifs Autonome (PCA) et la Puissance des Génératifs Autonomes (PGA).

BNC = PCA-PGA

La Balance Nucléaire Capacitaire révèle le message fondateur ou famille énergétique de tout être humain ou non humain. Elle indique le déterminant énergétique du système capacitaire Intrinsèque c'est-à-dire la famille énergétique.

023. Capacitaire

Adjectif

Qui se rapporte à une capacité.

Énergie capacitaire (intrinsèque), développement capacitaire, système capacitaire (intrinsèque, extrinsèque).

024. Capacité

024.1-SCPII

Aptitude à faire quelque chose, facultés humaines. La capacité se réfère à la compétence ou la possibilité de faire quelque chose.

024.2 -SI

En Indicamétrie, la capacité fait référence à la capacité humaine qui est une compétence ou une aptitude spécifique que les êtres humains possèdent. Les capacités humaines peuvent être naturelles, c'est-à-dire innées, ou acquises, c'est-à-dire développées à travers l'apprentissage et l'expérience.

Les capacités humaines sont généralement considérées comme étant uniques aux êtres humains, bien que certains animaux aient également des compétences et des aptitudes comparables.

L'indicamétrie distingue la capacité intrinsèque de la capacité extrinsèque

025. Capacité extrinsèque

Une capacité extrinsèque (ou capacité humaine extrinsèque) est une compétence ou une aptitude qui est acquise à travers l'apprentissage et l'expérience, plutôt que d'être innée. Les capacités extrinsèques peuvent être physiques, mentales ou émotionnelles, et elles sont généralement considérées comme étant plus flexibles et modifiables que les capacités intrinsèques.

026. Capacité intrinsèque

Une capacité intrinsèque (ou capacité humaine intrinsèque) est une compétence ou une aptitude innée, c'est-à-dire qu'elle fait partie de la nature humaine ou de quelque chose. Les capacités intrinsèques peuvent être physiques, mentales ou émotionnelles, et sont généralement considérées comme étant stables et difficiles à changer.

Les capacités intrinsèques peuvent être considérées comme des traits de personnalité ou des caractéristiques individuelles, qui déterminent en partie comment une personne va réagir à des situations données.

27. Capacitomètre (C)

Courbe évaluative qui montre comment oscillent les capacités étudiées dans le Temps et l'Espace.

028. Carré de la Cancérisation Sociale (CCS) (Néo)

Instrument de mesure du degré de pauvreté ou du développement dans une société humaine.

Le carré de la cancérisation sociale est la représentation graphique de l'état de santé de l'économie mettant en évidence le niveau de pauvreté.

La théorie de la cancérisation sociale assimile l'économie à un être humain dans laquelle les politiques économiques capitalistes produisent une croissance économique appauvrissante et déshumanisante. Les agents économiques appauvris sont appelés les cancéreux sociaux.

029. Centrale indicamétrique (Nf)

Matrice des messagers (idées principales et idées secondaires) résultant de l'Analyse Opératoire (AO).

030. Centralisation (Nf)

030.1 -SCPII :

Action de centraliser.

030.2 -SI :

Consiste à présenter de façon exhaustive les messagers leaders et satellites dans la centrale indicamétrique.

031. CESMO (Sigl)

Acronyme signifiant Capacité d'Élaboration des Stratégies et Modèles Opératoires.

032. Champ Vitamergique (Néo)

Répertoire des remèdes énergétiques nécessaires au maintien de l'équilibre vital et à la croissance.

033. Charge énergétique

033.1 -SCPII

Se réfère à l'énergie subtile qui est présente dans tout l'univers et qui peut être utilisée pour influencer ou créer des changements.

033.2 -SI

En Indicamétrie tout être ou toute chose porte une charge énergétique spécifique appelée Énergie Capacitaire Intrinsèque (ECI) qui a un impact sur l'environnement et sur les interactions entre les individus.

034. CICI (Sigl)

Acronyme signifiant Carte d'Identité Capacitaire Intrinsèque

Recueil des capacités intrinsèques qui révèle les aptitudes (forces et faiblesses) de tout être ou toute chose.

035. Classeur des profils de messages (CPM)

Le classeur des profils de messages (CPM) permet de classer les informations en répondant aux questions : quelle catégorie, quelle importance et quel rang.

036. Classeur indicamétrique

Matrice où sont rangés les messagers.

Exemple :

Classeur des Profils de Messagers (CPM) : Classeur de messagers rangés par ordre d'importance.

Table optionnelle des profils (TOP) : Classeur de messagers rangés par ordre de priorité. Document où les messagers sont classés selon un ordre donné.

037. Codage

037.1 -SCPI

Action de coder.

Transformation d'un message selon un code.

Le codage est un moyen de convertir des données brutes en un format standardisé ou un moyen de représenter de l'information de manière à ce qu'elle puisse être utilisée par l'analyste indicamètre.

027.2 -SI

Technique permettant de construire un code.

« Le codage également appelé codification, est une opération qui consiste à donner une écriture indicamétrique du messager ». (Blégui B. 2023, p.279)

038. Code

038.1 -SCPII

Organisation d'un système de signes susceptible de transmettre de l'information.

Un code est un système de signes, de symboles ou de mots qui permet de transmettre des informations de manière condensée ou secrète. Les codes peuvent être utilisés pour communiquer de manière confidentielle, pour stocker ou traiter des données de manière efficace, ou pour représenter de l'information de manière synthétique.

038.2 -SI

Référence conventionnelle indicamétrique.

039. Coder

039.1 -SCPII

Mettre en code.

039.2 -SI

Établir une référence par indicatisation[3].

---

[3] Cf. Indicatisation, p. 43

040. Communication inter-mondes[4]

Établir une relation BKMique[5] entre le visible et l'invisible.

041. Compétence multi-opérationnelle (Néo)

Performance à opérer dans tout espace indicamétrique (de l'espace local à l'espace invisible).

042. Créatif autonome

Les Créatifs autonomes correspondent au nucléaire de base 1 et les nucléaires de base impairs (3 ; 5 ; 7).

043. Développement capacitaire

D'une manière générale, on conçoit le développement comme une transformation sociale et culturelle très globale : celle des sociétés traditionnelles vers des sociétés industrielles ou modernes.

En économie, le développement est une « combinaison des changements mentaux et sociaux d'une population qui la rendent apte à faire croître, cumulativement et durablement, son produit réel global » (F. Perroux, 1964, p 155) [6].

---

[4] Cf. BKM, p. 24

[5] Cf. BKM, p. 24

[6] F. Perroux, *L'économie du XXème siècle,* Paris, PUF, 1964, p 155

Le *développement capacitaire* est le paradigme du développement fondé sur l'exploitation de l'énergie capacitaire intrinsèque et de la batterie des indicateurs de capacités humaines propre à chaque individu, communauté, projet ou société.

Par Développement capacitaire, on entend le processus de transformation qui se distingue par ses charges et sexes énergétiques dont l'exploitation donne plus d'efficacité et d'opérationnalité dans tous les secteurs de l'activité économique. Indiquer les charges énergétiques d'un phénomène ou d'un projet c'est préciser la puissance énergétique ou potentialité de ce projet ou phénomène. En revanche indiquer le sexe énergétique de ce projet revient à définir la famille énergétique de ce projet. (Diabaté M.)

Le développement capacitaire est une finalité (Société plus juste, plus solidaire, plus humaine plus équitable dont la réalisation peut faire l'objet de différentes stratégies. Il peut concerner les activités d'une entité territoriale aussi bien que celles d'une entreprise ou d'un groupe social.

Dans sa visée, le développement capacitaire cherche à :

- Construire et mesurer les indicateurs de capacité humaine mobilisés dans les processus capacitaires de la société ;
- Appliquer des algorithmes aux concepts et en extraire les flux d'informations capacitaires ou de connaissances enfouies ;

- Analyser les capacités humaines dans la relation entre l'action humaine et la performance de l'organisation ;
- Modéliser les processus capacitaires des politiques de développement ;
- Renforcer, optimiser et valoriser les capacités humaines et les processus capacitaires.

L'impératif stratégique ou objectifs critiques du développement capacitaire sont les suivant :

- Assurer le Minimum Digntaire Social (MDS) à chaque individu en garantissant la les sept (07) Couvertures du Corps et de l'Esprit Humains (7CCEH). Assurer le MDS, c'est offrir :

01- Une alimentation saine pour tous

02- Une formation et éducation pour tous

03- Un logement décent pour tous

04- Un habillement décent pour tous

05- Une santé solide pour tous

06- Le transport et la sécurité pour tous

07- Le respect des droits, des valeurs et croyances pour tous.

- Mettre l'homme qu'il faut à la place qu'il faut.

Le développement capacitaire est aussi un concept qui se réfère à l'amélioration des capacités d'une personne, d'un groupe, d'une organisation ou d'une société à atteindre ses objectifs et à réaliser son potentiel. Le développement capacitaire vise à renforcer les compétences, les connaissances, les ressources et les opportunités des individus et de collectivités, afin qu'ils puissent faire face aux défis et saisir les occasions qui se présentent à eux.

Il prend en compte à la fois le quantitatif (croissance économique) et le qualitatif (transformation par la créativité et l'intégration des valeurs endogènes).

Dans sa visée, le développement capacitaire cherche à :

- Construire et mesurer les indicateurs de capacité humaine mobilisés dans les processus capacitaires de la société ;

- Appliquer des algorithmes aux concepts et en extraire les flux d'informations capacitaires ou de connaissances enfouies ;

- Analyser les capacités humaines dans la relation entre l'action humaine et la performance de l'organisation ;

- Modéliser les processus capacitaires des politiques de développement ;

- Renforcer, optimiser et valoriser les capacités humaines et les processus capacitaires.

044. Échelle des 15 profils (en abrégé E15P) (Néo)

Instrument présentant les 7 profils humains connectés aux 8 profils spatiaux. C'est l'instrument de la photographie globale de toute réalité

045. Échelle des 7 profils (en abrégé E07P)

Instrument présentant les 7 capacités humaines de tout être que sont : profil humain, profil scientifique, profil managérial, profil économique, profil social, profil culturel, profil spirituel.

046. Échelle des 8 profils (en abrégé E08P)

Instrument présentant les 8 espaces indicamétrés que sont : profil local, profil sous-national, profil national, profil sous- régional, profil régional, profil international, profil mondial, profil invisible.

047. Élémentisation (Néo) (Nf)

Procédé de décomposition d'un objet d'étude en ses éléments constitutifs.

« L'élémentisation est une opération qui permet d'analyser et de décomposer un terme, un phénomène, en faisant ressortir toutes les composantes, tous les éléments indicateurs ou messagers ». (Blégui B. 2023, p. 268)

048. Énergie Capacitaire Intrinsèque (Néo)

Énergie qui donne de l'efficacité à toute chose ; c'est le flux vital que possède tout être humain et lui confère puissance d'action (voir sébayadji).

L'énergie capacitaire intrinsèque est la force ou le flux vital possédé par chaque individu et confère à celui-ci la capacité de faire du travail ou de produire du changement. L'unité de mesure de l'énergie capacitaire intrinsèque est la VICE (valeur intrinsèque capacitaire énergétique).

049. Espace indicamétré (Néo)

Subdivision de l'espace en 8 sous-espaces interconnectés et allant du visible à l'invisible. (Cf. 8 profils spatiaux).

050. EVI (Sigl)

Acronyme désignant Être Visible-Invisible

C'est un élément du postulat 1 de l'Indicamétrie qui dit que « *Tout phénomène ou tout être humain est chiffre ou somme de chiffres véhiculant puissance et message régi et relié à son environnement spatial par un agent ou* ***Être Visible et***

Invisible (EVI) *symbolisé par le messager bâtisseur "Y" dont dépendent des satellites ».*

L'EVI est un opérateur multifonctionnel qui sert à mettre en relation le monde visible et le monde invisible. C'est le communicateur inter-mondes.

En tant qu'outil, c'est une multifonction de recherche qui se présente comme suit :

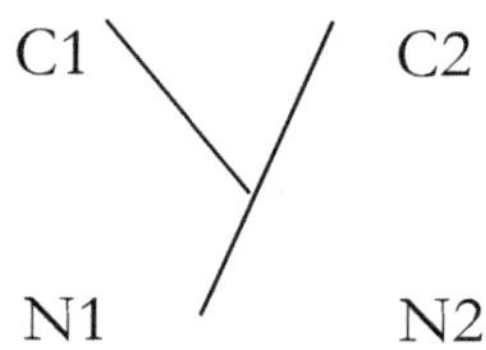

C1 = Combien (combien de solutions possibles pour le problème posé)

C2 = Comment (quelles stratégies mettre en place pour la résolution du problème)

N1 = Résultat (résultats issus de la stratégie adoptée)

N2 = Rang du résultat (Classement des résultats par ordre de priorité ou d'importance)

Y = Messager bâtisseur (la multifonction)

C1, C2, N1et N2 sont les satellites ou les variables de la multifonction Y ou EVI.

051. Famille centralisatrice (Néo)

Catégorie des individus ou des êtres dont la BNC est égale à zéro (0). Ces individus ont des capacités de médiation, de facilitation de conciliation. Ils sont également des stabilisateurs de projets et d'entreprises.

052. Famille énergétique :

L'Indicamétrie distingue trois (03) grandes familles énergétiques d'être humains ou non humains à savoir la famille centralisatrice (ou les centralisateurs), la famille promotionnelle (ou les promotionnels) et la famille transformatrice (ou les transformateurs).

Il existe trois familles énergétiques : Centralisatrice (BNC= 0), Promotionnelle (BNC = +x) et Transformatrice (BNC = -x).

053. Famille fondatrice (Néo)

Catégorie des individus ou des êtres dont la BNC est négative et traduit des capacités pour les activités de création de projets, de l'imagination, de créativité, d'inventivité.

054. Famille promotionnelle. (Néo)

Catégorie d'individus ou des êtres dont la BNC est positive (+). Ces individus ont des capacités de réguler, de vulgariser et de fructifier

055. Générateur Primordial Indicamétrique (GPI)

Instrument d'exploitation dynamique de l'échelle des 15 profils à partir de la connexion des capacités humaines et l'interconnexion des capacités humaines et spatiales.

Le GPI est constitué des trois systèmes suivants :

- le SICAH : système d'interconnexion des capacités humaines ;
- le SICHE : système d'interconnexion des capacités humaines environnementales ;
- le SIRD : système d'interrelations dynamiques.

056. Génératifs autonomes

Les génératifs correspondent au nucléaire de base 1 et les nucléaires de base pairs (2 ;4 ;6)

057. Globalité universelle

057.1 – SCPII

Caractère global, ensemble, totalité.

057.2 – SI

Globalité universelle : approche intégrative, fédérative qui prend en compte l'énergie capacitaire intrinsèque, universelle dans la résolution de tout problème.

058. Hall des messagers

Lieu d'exposition des messagers devant servir à la construction des modèles.

059. IBACI

L'Indicateur Baptismal des Capacités Intellectuelles. Permet d'identifier la dose énergétique du travail intellectuel dans un produit élaboré ou fabriqué.

060. IBATRAP

L'Indicateur Baptismal du Travail Physique

Révèle la dose énergétique du travail physique dans un produit élaboré ou fabriqué.

061. Indicagraphie (Nf) (Néo)

Représentation graphique des indicateurs de capacités humaines.

062. Indicamètre (Nm) (Néo)

Spécialiste de l'Indicamétrie

063. Indicateur de Capacité Humaine (ICH)

Mesure ou valeur utilisée en Indicamétrie pour évaluer ou suivre l'état ou le progrès d'une personne, d'une situation ou d'un processus.

064. Indicatisation (Nf) (Néo)

Action d'indicatiser.

L'indicatisation est une opération qui consiste à rechercher et à identifier les éléments significatifs d'un objet d'étude et à les transcrire en langage indicamétrique.

065. Indicatiser (V) (Néo)

Étape de la méthode indicamétrique qui consiste à abréger une thématique ou une phrase afin de *coder*[7] un message.

066. Inter-Signalétique Instrumentale (ISI)

L'inter-signalétique instrumentale (ISI) sert à insérer les nouvelles informations occasionnées par le besoin d'informations complémentaires (BIC) dans le listing des informations (signalétique).

---

[7] Cf. Coder, p. 32

067. Mana

067.1 -SCPII

Mot mélanésien en sociologie et ethnologie : puissance surnaturelle, impersonnelle et principe d'action, dans certaines religions.

Le mana est un concept polyvalent qui est utilisé dans de nombreuses cultures à travers le monde. Il peut être défini de différentes manières selon le contexte, mais il est souvent utilisé pour décrire un pouvoir spirituel ou divin, une autorité ou une influence supérieure, ou une force magique ou surnaturelle. Dans les cultures de l'Océanie, le mana est souvent considéré comme une force qui peut être possédée par des individus, des groupes, des objets ou des lieux, et qui peut être utilisée pour influencer les évènements ou les personnes.

Par ailleurs, l'anthropologue français Marcel Griaule, dans l'étude des jeux et des masques Dogon s'est intéressé au concept de « nyama ».

- Employé par M. Griaule (1940, p.160) il le définit comme

  - *« Une énergie en instance, impersonnelle, inconsciente, répartie dans tous les hommes, animaux, végétaux, dans les êtres surnaturels, dans les choses, dans la nature, et qui tend à faire persévérer dans son être le support auquel elle est affectée temporairement (être mortel) ou éternellement (être immortel) : c'est ainsi que le ciel, les morts, les génies, les autels, le fumier, les*

> *arbres, la graine, la pierre, les bêtes, la couleur rouge, les hommes ont du nyama ».*

Le *nyama* réside donc dans le monde du sensible et du suprasensible et confirme l'existence d'une alliance entre l'homme et les autres espèces.)

067.2 -SI

Le flux vital (cf. sébayadji)

068. Mato (Acro)

Maximum de Temps Opératoire

069. Matriciel stratégique

069.1 -SCPII

Matriciel en Mathématique : où interviennent les matrices. Relatif aux matrices.

Un matriciel est une structure de données qui consiste en une série de lignes et de colonnes de valeurs. Les matriciels sont souvent utilisés pour représenter et manipuler des données de manière structurée et organisée.

069.2 -SI

Le Matriciel stratégique est la phase de la méthodologie indicamétrique qui permet de répondre à la question comment.

En tant qu'instrument, c'est un tableau qui permet d'effectuer des opérations en vue d'élaborer des stratégies ou scénarii.

Le matriciel utilise une matrice ou un tableau à deux dimensions pour représenter les différentes dimensions de l'entreprise et comment elles sont liées entre elles.

070. Message

070.1 -SCPII

Élément ou suite d'éléments matériels par lequel un ensemble d'informations, organisés selon un code, circule d'un émetteur à un récepteur.

Un message est une communication transmise d'une personne à une autre, généralement sous forme de texte, de son, d'image ou de vidéo.

070.2 -SI

Élément ou suite d'éléments matériels ou immatériels par lequel un ensemble d'informations organisés selon un code, circule d'un émetteur à un récepteur.

071. Messager

071.1 -SCPII

Ce qui annonce quelque chose. Un messager est une personne physique ou non, ou une application informatique qui transmet un message d'une personne ou d'une chose à une autre.

071.2 -SI

Le BKM qui capte et transmet le message

072. Messager bâtisseur : (Néo)

Agent ou idée majeur permettant de réaliser un ouvrage.

073. Messager leader (Néo)

Idée dominante dont dépendent d'autres idées ou centre d'intérêt ou idée-force ou idée principale.

074. Messager satellite (Néo)

Idée qui dépend d'une autre idée ou idée secondaire.

075. Mito (Acro)

Minimum de Temps Opératoire

076. Modélisation

Action de modéliser, de construire un modèle.

Construction théorique d'un modèle représentatif d'un phénomène complexe.

La modélisation est le processus de création d'un modèle, c'est-à-dire d'une représentation simplifiée d'un phénomène ou d'un système dans le but de comprendre et d'analyser son fonctionnement ou ses comportements. La modélisation permet de prédire et de comprendre comment un système réagira à différentes situations ou stimuli, et peut être utilisée pour optimiser les performances ou les résultats d'un système.

077. Monnaie humaine (Néo)

Idéologie qui s'oppose à la finalité économique de la maximisation du profit et privilégie la finalité économique de la satisfaction des besoins humains et du bien-être.

078. Nucléaire

078.1 - SCPII

Biologie : relatif au noyau de la cellule.

Relatif à l'énergie issue d'un atome : c'est l'élément indivisible constitutif d'un être.

Physique : Relatif au noyau de l'atome : le nucléaire fait référence à l'utilisation de la force de l'atome, l'unité de base de la matière, comme source d'énergie.

078.2 - SI

C'est l'élément intrinsèque de tout être humain ou non humain. Il est analogue à l'ADN de toute chose.

Par convention, l'Indicamétrie considère les nombres 1 ; 2 ; 3 ; 4 ; 5 ; 6 et 7 comme des nucléaires de base qui servent à calculer le taux d'invisibilité de tout être humain ou non humain. Ils servent aussi à calculer les Puissance les Créatifs Autonomes (PCA) et les Puissances Génératifs Autonomes (PGA).

079. Postulat :

079.1- SCPII

Proposition que l'on demande d'admettre comme principe d'une démonstration, bien qu'elle ne soit ni évidente ni démontrée.

Principe non démontré que l'on accepte et que l'on formule à la base d'une recherche ou d'une théorie.

079.2- SI

Il existe trois postulats en Indicamétrie :

Postulat 1 :

Tout phénomène ou tout être humain est chiffre ou somme de chiffres véhiculant puissance et message régi et relié à son environnement spatial par un agent ou Être Visible-Invisible (EVI) symbolisé par le messager bâtisseur "Y" dont dépendent des satellites.

Postulat 2 :

Tout ce qui n'est pas directement quantifiable est presque mesurable ; autrement dit tout ce qui est invisible est presque quantifiable par ses effets.

Postulat 3 :

Puisque tout ce qui n'est pas directement quantifiable est presque mesurable et peut être capté et servir à bâtir, l'Indicamétrie privilégie parmi toutes les questions possibles, le ***combien*** *et le* ***comment***.

080. Profil (Nm)

080.1- SCPII

Ensemble des caractéristiques psychiques, anatomiques et physiologiques établi sur la base de tests et de mensuration en vue de déterminer l'aptitude d'un individu.

Un profil peut être défini de différentes manières selon le contexte, mais il s'agit généralement d'un résumé ou d'une description détaillée de quelque chose ou de quelqu'un.

080.2 - SI

L'ensemble de caractéristiques d'un objet d'étude à un moment donné.

081. Profil actuel (PA)

Recueil des indicateurs majeurs de base de travail.

Un état initial des caractéristiques d'un objet d'étude.

082. Profil culturel

Le profil culturel renferme les informations et indicateurs relatifs à la culture d'une communauté. Le profil culturel a pour code indicamétrique 07Y6.

Les nombres d'artistes, de chefs d'œuvres, de valeurs culturelles seront les termes du taux de culturation.

« Négliger le profil culturel d'une communauté humaine donnée ou de tout autre phénomène revient à organiser son agonie. En effet, la culture est pour le développement ce que le cortex est pour le cerveau : un grenier. La fonction essentielle de l'écorce cérébrale consiste à accumuler l'expérience de la vie ou, comme disent les physiologistes soviétiques, à former des réflexes conditionnés. Notre « grenier » est le lieu de concentration de notre intelligence humaine ». Moustapha Diabaté

083. Profil des Avenirs Possibles (PAP)

Recueil des indicateurs majeurs des situations probables.

Un état des caractéristiques atteignable d'un objet d'étude.

084. Profil des Avenirs Souhaités (PAS)

Recueil des indicateurs majeurs des situations auxquelles nous voulons aboutir.

Un état des caractéristiques souhaitées d'un objet d'étude

085. Profil économique

Le profil économique renferme les informations et indicateurs relatifs à l'accumulation de richesse créée par la combinaison des profils scientifique (07Y2) et managérial (07Y3). Le profil économique a pour code indicamétrique 07Y4.

Tout facteur de développement est conditionné par la formule ci-après :

07Y4 = 07Y2 X 07Y3

Le profil économique permet de calculer les Taux de Capacité Économique ou d'Accumulation de Richesse (TCE/TAR).

L'Indicamétrie distingue trois types de richesses :

- Richesse économique : obtenue grâce à la recherche scientifique et à l'innovation technologique ou managériale. La richesse économique a pour code indicamétrique 07Y4.1.
- Richesse commerciale : qui s'obtient par import-export sans industrialisation saine. La richesse commerciale a pour code indicamétrique 07Y4.2.
- Richesse nette : indique la richesse gagnée ou perdue à l'issue des échanges internationaux. La richesse nette a pour code indicamétrique 07Y4.3.

« Les profils scientifique (07Y2), managérial (07Y3), économique (07Y4) résultent de la mise en œuvre d'une volonté politique pour créer suffisamment de richesses en vue de mettre l'être humain et sa communauté à l'abri de l'insécurité matérielle et morale ». M. Diabaté

086. Profil Humain

Le profil humain renferme les informations et indicateurs relatifs à la démographie. Le profil humain a pour code indicamétrique 07Y1. Exemple : l'être humain, le nombre d'habitants, le genre, etc.

À l'aide de 07Y1, l'on peut calculer le Taux d'Humanisation ou de la Croissance Démographique à l'échelle mondiale (TH / CD).

087. Profil international

Le profil international indique la capacité de l'environnement international ou les relations diplomatiques et de coopération entre les États. Le profil international a pour code indicamétrique 08Y13.

De nos jours, des problèmes locaux ont parfois des solutions internationales heureuses, surtout dans le domaine du développement ou d'une mondialisation technologiquement irréversible mais qui est humainement rectifiable. Il serait nécessaire donc d'étudier le taux d'internationalisation de tout phénomène sur les autres profils spatiaux.

088. Profil invisible

Le profil invisible indique la capacité d'invisibilisation, d'opacité ou d'occultation d'une communauté, d'un phénomène ou d'un peuple. Le profil invisible a pour code indicamétrique 08Y15.

En matière de communication, l'invisible est parfois plus rapide et plus opérationnel que le visible. Par expérience, en Afrique, nous savons que l'invisible (Dieu et les autres formes invisibles) et le visible coopèrent étroitement, communiquent et agissent ensemble, sans se voir physiquement : ils s'entendent, se comprennent, et s'entretiennent directement.

089. Profil local

Le profil local renferme les informations et indicateurs relatifs à l'espace local. Le profil local a pour code indicamétrique 08Y8.

Le Taux de Localisation (TL) est le ratio qui reflète l'impact de ce profil sur l'ensemble des profils.

090. Profil managérial

Le profil managérial ou technico-technologique renferme les informations et les indicateurs relatifs à la capacité managériale, d'innovation ou technologique de l'objet étudié. Il a pour code indicamétrique 07Y3. Exemples : les nombres de technocrates, le nombre de brevets, le taux de Technicité ou d'innovation

« Tout groupe humain présentant un bon profil managérial ou technico-technologique peut tôt ou tard répondre aux défis majeurs de son temps ». M. Diabaté.

091. Profil mondial

Le profil mondial indique la capacité mondiale, c'est-à-dire la capacité des relations entre des individus à l'échelle macro-régionale (de plus d'une région, d'un continent). Le profil mondial a pour code indicamétrique 08Y14.

En effet, si les relations entre États peuvent être qualifiées ici d'internationales, celles qui mettent en rapport des citoyens appartenant à des États et/ou de continents différents sont mondiales. Par exemple : Les structures des institutions spécialisées de l'Organisation des Nations Unies (ONU) sont mondiales. Le taux de mondialisation concerne les cinq continents habités.

092. Profil national

Le profil national indique la capacité de l'ensemble national qui doit être construit de sorte que toutes ses composantes se portent bien. Le profil national a pour code indicamétrique 08Y10.

L'indicateur préférentiel ici est le taux de nationalisation (TN).

093. Profil régional

Le profil régional indique la capacité régionale, c'est-à-dire la capacité à l'échelle continentale. Le profil régional a pour code indicamétrique 08Y12.

Bien que les liens entre le profil national (08Y10), le profil sous-régional (08Y11), et le profil régional (08Y12) ne soient pas aussi bien cernés qu'entre le profil local (08Y8) et le profil sous-national (08Y9), il est intéressant d'intégrer les effets du taux de régionalisation dans l'étude des problèmes nationaux, voire locaux. En effet, l'impact d'un fait régional peut influencer un fait local : une aide régionale peut avoir un effet positif sur le développement d'une localité.

094. Profil Scientifique

Le profil scientifique renferme les informations et indicateurs relatifs à la connaissance scientifique de la réalité étudiée. Le profil scientifique a pour code indicamétrique 07Y2.

A l'aide de 07Y2 l'on peut calculer les Taux de Scientificité ou d'Accroissement de la Capacité Scientifique (TS/ACS).

« Il est important de noter qu'une communauté sans capacité scientifique est une population condamnée à vivre de subsides. De même, un peuple qui présente un bon profil scientifique a de grandes chances de trouver des solutions aux grands problèmes de la société » M.Diabaté

095. Profil social

Le profil social renferme les informations et indicateurs relatifs à la satisfaction des besoins sociaux à partir de la richesse créée par le profil économique (07Y4) à l'aide des profils scientifique (07Y2) et managérial (07Y3). Le profil social a pour code indicamétrique 07Y5.

On peut calculer des ratios ou taux de socialisation ou de sociabilité à l'aide de (07Y5).

L'Indicamétrie identifie 7 besoins fondamentaux appelés sept (7) Couvertures du Corps et de l'Esprit Humain (CCEH):

- Nourrir l'Etre Humain (NEH). Code indicamétrique : 07Y5.1
- Soigner l'être humain (SEH). Code indicamétrique : 07Y5.2
- Loger l'être humain (LEH). Code indicamétrique : 07Y5.3
- Éduquer l'être humain (EEH). Code indicamétrique : 07Y5.4
- Vêtir l'être humain (VEH). Code indicamétrique : 07Y5.5
- Transporter l'être humain (TEH). Code indicamétrique : 07Y5.6
- Respecter et protéger les valeurs et des droits humains (RSEH). Code indicamétrique : 07Y5.7

096. Profil sous-national

Le profil sous-national indique la capacité des populations sous-nationales ou départementales, agrégation des populations locales dans certaines limites et qui doivent être suffisamment prises en compte dans la recherche d'un développement harmonisé. Le profil sous-national a pour code indicamétrique 08Y9.

Nous pouvons également calculer le taux de sous-nationalisation (TSN).

097. Profil sous-régional

Le profil sous-régional indique la capacité sous-régionale qui, dans le sens onusien du terme, est un cadre plus large que le national et comprend plus d'un pays ou d'un État. Le profil sous-régional a pour code indicamétrique 08Y11.

Il importe d'étudier l'impact du taux de sous-régionalisation sur tout phénomène national, sous-national ou départemental et local en vue de bâtir un sous-ensemble bien intégré.

098. Profil spirituel

Le profil spirituel renferme les informations et indicateurs relatifs à la spiritualité de tout être humain ou de tout peuple ou de tout phénomène. Le profil spirituel a pour code indicamétrique 07Y7.

Le taux de spiritualité pourra être évalué par les nombres de mosquées, d'églises, de temples, de sanctuaires, de sectes, etc.

Les indications ou réponses majeures aux grands problèmes d'aujourd'hui, de demain et de l'au-delà ne sont pas seulement scientifiques, technologiques, économiques, sociales et culturelles, mais aussi spirituelles ou théologiques. Une étude insuffisante ou non saisie du profil spirituel d'une communauté humaine pourrait entraîner la perte de cette communauté.

99. Profilologie (Néo)

La profilologie est une étape de la démarche indicamétrique qui sert à étudier les trois catégories de profils suivants : Profil Actuel (PA), Profil des Avenirs Souhaités (PAS) et Profils des Avenirs Possibles (PAP). La profilologie permet de répondre aux questions : quoi, qui, pourquoi et quand.

100. Puissance des Créatifs Autonomes

C'est la puissance nucléaire des créatifs autonomes

101. Puissance nucléaire

Potentiel d'énergie capacitaire intrinsèque disponible chez tout être ou toute chose.

La puissance nucléaire est la quantité d'énergie capacitaire intrinsèque disponible chez une personne.

102. Satellisation

La satellisation est une opération qui révèle les relations entre les messagers. Elle permet de les classifier, de les hiérarchiser. En outre elle distingue les messagers leaders de plusieurs ordres graduels de messagers satellites. (Blégui B. 2023, p. 276)

103. Sébayadji

Mot malinké bambara (Afrique de l'ouest) composé de Sébéya qui signifie la capacité et de dji (au sens propre = l'eau et au sens figuré flux vital)

Le sébayadji = flux qui donne de la capacité et l'efficacité à toute chose.

104. Sexe énergétique :

C'est le signe de la Balance Nucléaire Capacitaire (BNC). Il existe deux signes qui sont le plus (+) et le moins (-).

105. Signalétique

État des lieux organisé et structuré des profils.

106. Signalétique instrumentale

Étape de la méthode d'analyse d'un objet d'étude.

Elle commence par l'analyse thématique (textuelle), l'abréviation du résultat de l'analyse thématique (textuelle) et enfin le codage en symbole indicamétrique. La signalétique se réalise à travers les trois étapes :

Signalétique Instrumentale Décisionnelle Thématique (SIDT) : analyse thématique (textuelle) pour identifier les idées principales (messagers leaders) et les idées secondaires (messagers satellites)

Signalétique Instrumentale Abréviative Décisionnelle (SIAD) : Abréviation de l'ensemble des thématiques obtenues à l'issue de la SIDT

Signalétique Instrumentale Décisionnelle Indicamétrique (SIDI) : codage en symbole indicamétrique des abréviations obtenues dans la SIAD.

107. Signalétique instrumentale abréviative décisionnelle (SIAD)

Abréviation de l'ensemble des thématiques obtenues à l'issue de la SIDT.

108. Signalétique instrumentale décisionnelle Indicamétrique (SIDI)

Codage en symbole indicamétrique des abréviations obtenues dans la SIAD.

109. Signalétique instrumentale décisionnelle thématique (SIDT)

Analyse thématique (textuelle) pour identifier les idées principales (messagers leaders) et les idées secondaires (messagers satellites).

110. Stagcroissance

Composé deux mots : stagnation (stag.) et croissance.

Stagnation de la croissance d'un individu, d'une communauté, d'un pays ou d'un continent.

État de blocage des indicateurs de croissance

« Il n'y a pas de pays pauvres, mais des pays appauvris ; il n'y a pas de pays en voie de développement, mais des pays dont le développement est bloqué… Nous assistons à une stagcroissance des pays du tiers monde… » DIABATE (*De la stagcroissance au blocage du développement*, Article actualisé, 2009, concept tiré de « Le Modèle ivoirien de développement, Thèse de Doctorat, Sorbonne Paris VII, 1965). (Harmoniser les systèmes de référencement biographique)

111. Système capacitaire

L'ensemble des capacités humaines qui interagissent entre elles et qui travaillent ensemble pour atteindre un objectif commun.

Le système capacitaire est composé de deux (02) sous-systèmes que sont le système capacitaire extrinsèque et le système capacitaire intrinsèque.

112. Système Capacitaire Extrinsèque (SCE)

Ensemble des potentialités, des valeurs objectives de tout être ou toute chose.

Ensemble des capacités humaines extrinsèques qui interagissent entre elles et qui travaillent ensemble pour un objectif commun.

113. Système Capacitaire Intrinsèque (SCI)

Ensemble des potentialités, des valeurs subjectives de tout être ou toute chose identifiées et mesurées par l'Indicamétrie.

Ensemble des capacités humaines intrinsèques qui interagissent entre elles et qui travaillent ensemble pour un objectif commun

114. Système d'interconnexion des capacités humaines (SICAH)

Ensemble des sept profils de l'échelle des sept profils (E07P) qui interagissent avec les huit profils ou espaces de l'échelle des huit profils (E08P). Le SICAH mesure l'impact des capacités humaines intrinsèques d'une personne sur l'environnement.

115. Système d'interconnexion des capacités humaines environnementales (SICHE)

Ensemble des huit profils ou espaces de l'échelle des huit profils (E08P) qui interagissent avec les sept profils de l'échelle des sept profils (E07P). Le SICHE mesure l'impact des huit profils ou espaces sur les capacités humaines intrinsèques d'une personne.

116. Système d'interrelations dynamiques (SIRD)

Ensemble des interactions entre le SICAH et le SICHE.

117. Table optionnelle des profils (TOP)

Table ou document dans lequel les profils sont classés par ordre de priorité ou de préférence.

118. Télé-Dieu (Néo)

Instrument de recherche et de communication avec les êtres invisibles, spirituels.

120. Théorie des Trois Afriques

La Théorie des Trois Afriques est un paradigme socio culturel qui déterminent les logiques d'action des acteurs sociaux dont il faut tenir compte dans les politiques de développement en Afrique. Elle distingue trois conceptions de l'Afrique à savoir l'Afrique Magico Religieuse (AMR), l'Afrique des Religions à Livre (ARL), l'Afrique de l'État de Droit et des Institutions Républicaines (AEDIR).

121. Théorie intégrative des espaces décinovant

Décinovant est un néologisme qui dérive de deux mots : *décisionnel* (relatif à un processus de décision) et *innovant* (créatif, inventif, original).

Théorie intégrative des espaces décinovant est une théorie de développement qui « fait de chaque espace, un espace dans lequel les populations prenant conscience de leur responsabilité décident de se prendre en charge dans tous les domaines de vie. Grace à leur génie créateur, ils mettent tout en œuvre pour trouver une solution à chacune des difficultés présentées à chaque membre et à toute la société. Elle a pour ambition la libération totale de l'humanité toute entière ». DIBI Vincent

Elle une approche méthodique de recherche de solution allant de l'exploitation des ressources (humaines et matérielle) de l'espace immédiat à celles des espaces distants.

122. VICE (Sigl)

Valeur Intrinsèque des Capacités Énergétiques.

Unité de mesure des capacités intrinsèques.

123. VITAIN

VITAIN est la dose d'énergie capacitaire intrinsèque antinomique à AVITOX. Cette dose d'énergie est la résultante d'intentions et d'actions positives. Elle induit une efficience opérationnelle du système capacitaire.

124. ZAN (F)

Zone d'action négative.

Elle exprime les circonstances défavorables qui influencent négativement l'individu, la communauté ou l'entreprise.

125. ZAP (F)

Zone d'Action Positive.

Elle exprime les circonstances favorables qui influencent positivement l'individu, la communauté ou l'entreprise.

C'est aussi un état d'aisance et de bonheur.

POSTFACE

Les sciences, comme toute réalité terrestre, ont une naissance, une vie et probablement une mort pour certaines. Naître, c'est provenir de…en termes, soit de géniteurs, soit d'espace soit des deux à la fois. Vivre, après la plupart des naissances, c'est vivre par quelque chose ou grâce à quelqu'un qui nous sert d'appui. Dans le contexte humain, comme dans celui des sciences, c'est grâce à quelqu'un qui permet d'avoir quelque chose pour se soutenir que la vie est possible. Ce quelqu'un se reconnait aux dénominations diverses de géniteur, de père ou de tuteur. Généralement, le géniteur se détermine comme un père pour le bébé à assumer. Mais, par un concours de circonstances, il arrive que le géniteur ne soit pas ou ne puisse pas être un père pour le bébé, imposant la nécessité d'un tuteur sur qui il va s'appuyer pour pouvoir aller à sa propre rencontre dans la vie. L'expérience de la vie se fait ainsi toujours avec les autres qui nous servent de guides pour nous orienter utilement vers l'essentiel avec pertinence.

L'Indicamétrie, née des recherches de professeur Moustapha Diabaté, était déposée dans son berceau de bébé, à l'Université de Bouaké, aujourd'hui Université Alassane Ouattara, en présence de professeur ANY Désiré, alors Assistant. Celui-ci, après le retrait de la science du géniteur Diabaté par l'âge, prit soin du bébé-Indicamétrie au quotidien, lui changeant périodiquement les couches pour lui éviter les désagréments liés à la moisissure qui fragilise les peaux frêles des enfants. Avec l'attention d'un tuteur protecteur et la vigilance d'un précepteur avisé, professeur ANY a su indiquer à l'Indicamétrie la voie à suivre pour se constituer en science véritablement robuste et reconnue par ses consœurs.

La sagesse, à consonance aquatique, est bien connue que « l'eau la plus fraîche sort de la bouche du silure ». La fraîcheur du message de la vie de la science indicamétrique pourrait-elle trouver une bouche mieux indiquée et bien exercée que celle de professeur ANY Désiré pour se dire ? En tuteur désigné, ce promoteur de sciences n'a-t-il pas tout mis en œuvre, énergie, temps et finances y compris, pour le plein épanouissement de la naissante Indicamétrie ?

Après la mise en place de l'Association pour la Promotion de l'Indicamétrie (A. P. I.), il prend, entre autres, l'initiative de diverses rencontres scientifiques, de la création d'une Revue scientifique, de la publication de plusieurs ouvrages comme autant de ressources pour soutenir la croissance du bébé-science. Professeur ANY prend la vie et le développement de l'Indicamétrie au sérieux qui, en retour l'honore en en faisant son tuteur légal sous la dénomination de reconnaissance de Directeur de l'IMERFI, institut qu'il gère avec sa connaissance et son expérience de la discipline. Autrement dit, professeur ANY Désiré a entretenu l'Indicamétrie de toute sa patience qui le lui vaut en l'élevant à la dignité de son premier responsable à l'Université Alassane Ouattara.

La bonne disposition d'esprit du précepteur ANY à l'égard de sa protégée l'Indicamétrie, et la complicité qui s'est nouée entre eux au cours de leur commerce assidu, leur a permis d'évoluer ensemble dans une entente fertilisante et féconde. Chacun des d'eux a atteint sa maturité scientifique : ANY Désiré est passé professeur titulaire et l'Indicamétrie est devenue une science autonome. Main dans la main, les deux poursuivent leur parcours initiatique sous les regards approbateurs des personnes comme nous, heureux témoins de leur expérience enrichissante dont nous nous inspirons.

Si les difficultés et les crises de croissance ne manquent pas dans leur aventure commune, ils ont toujours su parler le même langage pour les surmonter. Ce langage, tissé dans de l'optimisme qui pousse à se surpasser facilement, se lit et se reflète dans le *Lexique des concepts et techniques de l'Indicamétrie* que vous tenez en mains, en tant que lecteurs appelés à en écrire la moitié pour le rendre utile à tous.

Merci d'accepter d'être les co-auteurs indirects de ce texte technique qui se mâche et se digère facilement.

Professeur Assouman BAMBA

Département de Philosophie
Directeur de l'UFR Communication, Milieu et Société
Université Alassane Ouattara, Bouaké
Côte d'Ivoire

Structures éditoriales du groupe L'Harmattan

L'Harmattan Italie
Via degli Artisti, 15
10124 Torino
harmattan.italia@gmail.com

L'Harmattan Hongrie
Kossuth l. u. 14-16.
1053 Budapest
harmattan@harmattan.hu

L'Harmattan Sénégal
10 VDN SICAP AMITIE 3
BP 45034 Dakar-Fann
direction@senharmattan.com

L'Harmattan Cameroun
Tsinga/Derrière polyclinique FECAFOOT
BP 11486 Yaoundé
Jacques.koukam@harmattan.fr

L'Harmattan Burkina Faso
Villa 281, secteur 23 623, rue 14.32
Ouagadougou
zagbie@outlook.fr

L'Harmattan Guinée
Almamya, rue KA 028 OKB Agency
BP 3470 Conakry
harmattanguinee@yahoo.fr

L'Harmattan RDC
185, avenue Nyangwe
Commune de Lingwala – Kinshasa
matangilamusadila@yahoo.fr

L'Harmattan Congo
219, avenue Nelson Mandela
BP 2874 Brazzaville
deunovmikhael@gmail.com

L'Harmattan Mali
Immeuble Mgr Jean Marie Cissé
Aci Hamadallaye
BP 145 Bamako
syllaka@yahoo.fr

L'Harmattan Togo
Djidjole – Maison Amela
face EPP BATOME
02 BP 20680 Lomé
didieramela11@gmail.com

L'Harmattan Côte d'Ivoire
Résidence Karl – Cité des Arts
Abidjan-Cocody
03 BP 1588 Abidjan
harmattan.ivoire@gmail.com

L'Harmattan Bénin
Rue 604, (Immeuble à l'entrée
de la rue UCAO- Cite de Saint-Jean)
Cotonou
stepcorpus@gmail.com

Nos librairies en France

Librairie internationale
16, rue des Écoles
75005 Paris
librairie.internationale@harmattan.fr
01 40 46 79 11
www.librairieharmattan.com

Librairie des savoirs
21, rue des Écoles
75005 Paris
librairie.sh@harmattan.fr
01 46 34 13 71
www.librairieharmattansh.com

www.ingramcontent.com/pod-product-compliance
Lightning Source LLC
LaVergne TN
LVHW051631071026
849535LV00009BA/3532

* 9 7 8 2 3 3 6 4 6 6 0 6 4 *